DU

MALAISE SOCIAL.

DU

MALAISE SOCIAL.

Ecce enim veritatem dilexisti.

CHAPITRE PREMIER.

INTRODUCTION.

JE ne viens point ajouter un système de plus à ceux que nous avons déjà sur la politique : la réputation de publiciste telle qu'elle s'acquiert de nos jours n'a rien d'ailleurs qui puisse me tenter. Voulant démontrer la cause de nos troubles civils et de la situation en laquelle ils nous ont laissé, je ne ferai nul frais d'érudition, je ne puiserai que dans mes souvenirs, et ne déduirai que des conséquences palpables de ma propre organisation ou de faits historiques que personne n'ignore.

Un malaise que l'on a qualifié d'indéfinissable pèse aujourd'hui de tout son poids sur la France : c'est une vérité à laquelle on peut croire puisqu'elle est avouée par les hommes les plus opposés de principes les plus divergens d'opinions, et que démontrerait au besoin l'incertitude de nos croyances, la confusion et l'ambiguité de nos discours, l'ambition qui nous dévore, et par-dessus tout la défiance où nous vivons les uns envers les autres.

On n'a pas assez réfléchi sur tout ce que renferme de significatif la généralité d'un tel aveu et la réunion de symptômes pareils : la chose mérite pourtant qu'on y fasse attention. Un malaise indéfinissable au physique est l'avant-coureur d'une maladie grave en politique ; ce ne peut être que l'indice d'une épouvantable catastrophe.

S'il n'y a rien de choquant dans un tel rapprochement, si l'analogie est exacte, on aura lieu de s'étonner de ce que l'intérêt majeur que nous avons tous à bien connaître notre position, joint à la vocation d'écrire, si commune de nos jours, n'ait pas provoqué de plus sérieuses recherches, ni produit des efforts plus heureux sur une matière et dans une cause qui nous touche d'aussi près, et qu'un siècle qui a bien d'ailleurs ses prétentions, puisqu'il s'appelle lui-même celui des lumières, ait pu condescendre jusqu'à l'humiliant aveu d'une ignorance si entière en ce qui l'intéresse le plus, qu'il en soit réduit à qualifier d'indéfinissable ce qu'il est censé le mieux connaître.

Outre le sentiment pénible qu'inspire cette sorte de désistement, en ce qu'il semble nous reconnaître atteints d'une maladie sans diagnostic et peut-être incurable, il faut convenir qu'il y a dans la persistance à suivre un sentier que tout le monde déserte, je ne sais quoi de téméraire, bien propre à décourager celui qui, comme moi, n'ambitionne rien moins que de paraître tel. Cependant l'intérêt est trop grave et le danger trop imminent pour me réduire au silence par de vaines considérations qui ne me sont pas d'ailleurs applicables, et fallut-il, outre le reproche d'une audace déplacée, vice brillant que toujours l'on pardonne, braver encore le ridicule que jamais l'on n'absout, je donnerai mon opinion sur la cause fébrile qui agite la France.

CHAPITRE II.

Principes de la matière, origine des sociétés et leur nombre.

Les principes préalables que j'ai besoin de poser pour mettre notre situation à jour ne seront pas moins incontestables que la maladie qui nous travaille. L'homme est un être composé auquel le créateur lui-même daigna assigner une constitution, de laquelle, malgré les écarts du libre arbitre, il ne peut pas plus s'affranchir que le soleil de l'écliptique : un corps avec des sens, un esprit avec la raison, tels sont les élémens qu'il présente à l'analyse. Celui-ci sublime, spéculatif remplit dans l'organisation individuelle le rôle de conseil dirigeant ou de souverain ; l'autre, matériel et terrestre, se trouve instrument exécutif ou sujet par destination. Chacun de ces deux élémens a sa manière d'être : le corps n'existant que par les sens, et ceux-ci par leurs appétits sans cesse renaissans est et doit être nécessairement insatiable ; l'esprit au contraire, théorique et contemplatif se repose dans la vérité et peut y goûter une satisfaction pleine et entière. Réunis dans le même sujet, ils y forment un gouvernement complet susceptible d'ordre et d'anarchie, de troubles et de révolutions dans lequel le principe dominant a besoin aussi d'une politique pour contenir avec succès l'élément assujetti.

On sait, en effet, que l'esprit pour conserver sa pureté ou sa suprématie, ce qui est la même chose, évite avec soin les occasions de faillir et ne transige jamais avec le corps ou les sens, tandis que celui que pousse une impulsion matérielle refuse surtout de délibérer avec sa conscience. Du reste, la co-existence des deux principes dans le même individu est tellement évidente que l'esprit le plus médiocrement attentif les distingue tout d'abord : ce sont les deux hommes en un, de Platon, de Saint-Paul et de Saint-Augustin, le *video meliora proboque* d'Ovide, ou si l'on veut le bon et le mauvais principe de Manès. (*)

L'homme, telle est donc la première société, la société type à l'instar de laquelle toutes les autres sont et doivent être formées pour mériter ce titre, ce qui réduit à trois le nombre de celles auxquelles Dieu livra la terre, savoir, celle de l'homme seul, formée par l'assemblage de l'esprit et du corps, que, malgré la résistance des mots, nous appellerons société individuelle ; la société domestique, résultat de l'union de l'homme et de la femme, et la société

(*) On ne pense pas qu'il soit nécessaire de défendre ce principe contre les assertions de Lucrèce.

politico-religieuse ou universelle, produite par l'agrégation du sacerdoce et du pouvoir temporel.

Je sais bien que cette dernière, objet d'éternelles équivoques et des moins pardonnables méprises, a de tout temps comptée pour deux sous les noms de société civile et de société religieuse; mais si l'on remarque que chacune de ces deux pretendues sociétés ne présente qu'un seul élément, l'impropriété de leur qualification demeure prouvée par cela même, et l'on conçoit à l'instant qu'elles ne sauraient être autrement considérées que comme l'un des agens de la société véritable, qui doit être nécessairement un être mixte comme l'homme de qui elle dérive, et que par cette raison nous définirons le tiers corps ou mieux l'action tierce produite par l'amalgame de deux principes différens.

Chacune de ces trois sociétés, outre la double essence qui en est comme la base matérielle, reçut de plus une loi identique et commune, secret de la création, essentiellement mystérieuse par conséquent, qui présida à la fusion des deux principes comme elle veille à son maintien. Cette loi est ce que nous appelerons la constitution sociale, quoiqu'il ne nous ait pas été donné de la mettre dans la poche, ainsi que le voulait le très-positif Thomas Payne, et après lui la foule innombrable de nos modernes publicistes, tandis que la perturbation possible de l'ordre de choses établi par cette loi sera ce que nous appelerons seulement une révolution.

J'ai cru devoir fixer avant tout le vrai sens de ces trois mots correlatifs, aujourd'hui aussi usuels que mal compris même par ceux qui en ont parlé avec le plus de sagesse, soit afin d'éclairer une discussion qui ne saurait manquer d'être louche sans l'intelligence des termes, soit afin d'en déduire ces vérités qui en découlent.

Que par suite d'une constitution à *priori*, que Dieu seul a pu faire, toute société dérive de l'homme dont elle forme l'état naturel.

Que cette constitution établit une hiérarchie sociale naturelle, et impose conséquemment des devoirs divers.

Que cette hiérarchie pouvant être altérée, détruite ou renversée par un effet du libre arbitre, il suit de là la possibilité de deux principaux systèmes de gouvernement; savoir : le système constitutionnel proprement dit ou social avec prédominence du principe spirituel, et le système révolutionnaire ou individuel avec prédominence du principe physique ou matériel.

Qu'indépendamment des lésions générales ou privées qu'il peut éprouver, l'ordre hiérarchique établi par cette loi née avec l'homme, doit nécessairement subsister jusqu'à son dernier jour d'une manière plus ou moins restreinte, plus ou moins absolue; tantôt concentré en un seul homme tel que Moïse, ou en un seul peuple tel que les Juifs, et tantôt dominant l'universalité des nations, d'où suit que, dès l'origine des temps jusqu'à leur consommation, le monde ou la grande société constituée comme l'individu, a dû reconnaître et reconnaîtra l'empire légitime de l'esprit sur le corps; et comme ce mode de constitution est la base fondamentale du christianisme exclusivement à toute autre croyance, il suit encore de là que cette religion est seule véritablement d'origine divine ou constitutionnelle, et qu'elle a dû conséquemment subsister de tous les temps pour n'avoir plus de fin, comme l'affirment ses livres sacrés sous la garantie de la Divinité même.

De cette vérité majeure, admirablement rendue par Tertullien, en quatre paroles, *l'homme est naturellement chrétien*, découlent encore ces conséquences remarquables.

Que toute atteinte portée à la hiérarchie constitutionnelle doit produire dans la grande société un trouble pareil à celui qu'éprouve l'individu qui a perdu le témoignage de sa concience par suite de la violation d'un devoir essentiel et connu, trouble que dans l'un et l'autre cas nous appellerons du nom de malaise.

Que le renversement de cette hiérarchie porté jusqu'au degré le plus élevé possible, est ce que

l'on doit seulement appeler une révolution com-
plète, d'où suit :

Que l'état révolutionnaire éminemment exclusif
de toute hiérarchie de l'esprit au corps, du spirituel au temporel, est de sa nature inconstituable ;
que dès-lors l'instabilité des goûts et des mœurs,
dont celle des trônes n'est pas la conséquence inévitable, doit être son caractère distinctif, l'indépendance et l'insatiabilité des sens la cause pro-
ductive, et l'absence de tout esprit de christianisme
la condition *sine quâ non.*

Tant que cet état dure pour l'homme, il est en
effet privé des dons de l'intelligence ; les intérêts
matériels sont tout à ses yeux ; il ne vit plus que
par le corps, et par une conséquence toute naturelle, on doit s'attendre à voir les principaux rôles
de ce drame de corruption et de désordre remplis
par les hommes les mieux pourvus des qualités
physiques en honneur, par les jeunes gens surtout,
auxquels la vieillesse se trouve contrainte de céder
des droits dont l'exercice violent ne convient plus
à sa débilité. Alors encore l'anarchie qui s'établit
dans les idées doit conduire d'un pas rapide à celle
des choses. La vertu *gêle*, le vice n'a plus de cen-
seurs, les mots s'altèrent, on ne s'entend plus,
Babel est là, la société se trouve dissoute, le monde
est ébranlé jusqu'en ses fondemens, et les atrocités
de l'histoire ancienne, qui est aussi celle d'une

révolution dont nous ignorons l'origine, sont à la veille de se reproduire, car remarquons bien que le mot société caractéristique de l'alliance de l'esprit et du corps est moderne historiquement parlant (du moins dans l'acception que nous lui donnons) et qu'il fût inconnu des peuples qui précédèrent le christianisme aussi bien que la vérité qu'il exprime et les devoirs qu'il fait supposer.

Avant J.-C., en effet, les contrats à titre onéreux furent la seule loi de l'univers. La raison sociale fondée sur la charité et l'amour des co-associés fut inconnue des anciens peuples, comme elle paraît l'être des contemporains. Vente et louage telle fut la base de leur agglomération. Le monde d'alors, divisé en deux partis opposés, dont l'un achetait les corps de l'autre ou louait leur sueur au mieux de ses intérêts, ne méritait pas plus le nom de société que celui où entre mille autres preuves l'on voit le prix de main d'œuvre diminuer et augmenter en raison inverse de celui des denrées. Le principe révolutionnaire se manifeste tout entier dans cet ordre de choses ; de ce fait et de ses analogues dérive la contravention constitutionnellle et le malaise où nous vivons ; mais l'homme que l'on veut retenir en cet état par mille subtilités politiques également vides de sens, gravite instinctivement vers les portes du cénacle que rivèrent la foule des Saphire et des Ananias modernes, et il ne cessera de s'agiter qu'après avoir obtenu la punition des infâmes et le rétablissement du monde sur ses bases naturelles.

Mais j'anticipe en déduisant une conséquence finale avant d'avoir développé le principe sur lequel je me fonde et j'y reviens.

CHAPITRE III.

Analogie constitutionnelle des trois sociétés.

S'il est facile de saisir l'analogie constitutionnelle qui existe entre les sociétés individuelle et politico-religieuse également formées l'une et l'autre d'un spirituel et d'un temporel, celle qui se fait remarquer entre celles-ci et la société domestique n'est pas moins évidente et certaine, ici comme dans les deux autres, c'est toujours sur la réunion des deux principes opposés de l'esprit et du corps que se trouve fondée la constitution sociale.

L'homme, en effet, ayant été créé à l'image et ressemblance de Dieu, et comme tel ne pouvant occuper ici-bas un rang secondaire, est et doit être l'esprit de cette société, car pour quiconque ne tombe pas dans l'hérétique simplicité des antropomorphites, être ainsi créé, c'est évidemment avoir reçu du créateur une étincelle de son feu divin. L'homme a d'ailleurs pour lui une possession d'état non interrompue, et à défaut de cette preuve, mille faits plus éclatans les uns que les autres viendraient attester la noblesse de son origine par l'élévation de ses actes et la sublimité du modèle par la beauté de l'image.

Attentivement considérée, la femme au contraire ne présente qu'une sorte d'intelligence d'emprunt, un simple reflet de lumière que lui communiquent ses rapports généraux ou intimes avec l'homme, plus sensible que lui précisément parce qu'elle est plus matérielle ; ce n'est que dans la société domestique qu'elle acquiert une force, un courage, un esprit que rien ne fesait soupçonner en elle durant son célibat, tandis que l'on voit, au contraire, tomber dans une imbécillité véritable ; celui qui oubliant sa dignité s'abandonne aux attraits organiques qu'elle reçut en partage. Le monde est rempli d'exemples de cette nature, et c'est sans doute afin qu'on ne pût détruire ou constester par quelques rares exceptions, la vérité qu'ils proclament que le ciel permit l'existence de ce peuple tout corps Ilotes de l'univers que l'islamisme enfanta par la volupté des sens et dont le nom est devenu l'odieux synonime d'une cruelle barbarie.

Aussi, rien ne peut soustraire la femme au rôle subalterne que la Génèse lui assigne en indiquant pour elle une formation infiniment moins noble que celle de son chef. La mobilité de son caractère, ses caprices, son imprévoyance, ses faiblesses, ses infirmités, le besoin qu'elle éprouve de secours et de protection, le travail de la réproduction et de l'enfantement qui repose sur elle ; mais par-dessus tout ce trait d'insatiabilité que la création lui imprima et que l'écriture lui réconnaît (*), tout

---

(*) Tria sunt in saturabilia. Proverbes, chap. 30, v. 15 et 16.

prouve invinciblement qu'elle n'est et ne peut être que le corps de la société dont elle fait partie.

Ainsi donc la constitution des trois diverses sociétés qui occupent la terre serait la même pour chacune d'elles. Un ordre positif, un principe invariable aurait présidé à leur formation et veillerait à leur maintien ; toutes seraient de droit divin, et comme la première d'entr'elles entre dans la composition des deux autres pour en devenir le principal agent, il suit encore de là que son but et la hiérarchie qu'elle présente doivent se retrouver partout où elle figure et former un tout harmonieux dont la sympathique organisation se manifestera jusques dans la différence même qui les distingue.

Ainsi quoique toutes placées sous les auspices de la divinité qui les préside et reçoit leur culte, chacune des trois sociétés a sa destination particulière ; la première aux travaux de la terre, la seconde à la reproduction de l'ouvrier, tandis que l'ordre, la surveillance et la direction des deux autres forme les attributions de la troisième.

Ainsi encore |chacune avec ces mêmes attributions reçut un stimulant particulier, sorte d'aiguillon irrésistible qui les pousse surhumainement à l'accomplissement de leur destinée. La nécessité impose le travail, un invincible attrait excite à la reproduction ; et quoique le mystère soit ici tout-àfait impénétrable ; il n'est pas moins certain qu'en tout temps comme en tout lieu, on a vu l'homme rechercher les sollicitudes du commandement de toute la puissance de ses facultés.

Convenons donc que ces trois sociétés ayant toutes une même constitution, un même but, une même hiérarchie, ne forment au fonds qu'une seule et même société, et que l'homme, le mariage et l'universalité qui les contient et les dirige, c'est toujours l'homme sous une triple forme qui devient comme la preuve matérielle de sa ressemblance avec la divinité trinaire qu'il adore.

CHAPITRE IV.

Mouvemens généraux de la grande société déduits de l'organisation de l'homme. Classement des hommes et des sciècles qui en est la conséquence.

Il paraît naturel de croire que des êtres doués d'un principe de vie et d'une organisation semblable aient aussi un système pathologique commun. Or, si l'homme est une société et la société un homme, on conçoit de suite la possibilité d'expliquer le désordre des masses par les lésions et les accidens auxquels les individus se trouvent sujets. Cherchons donc à connaître les perturbations ou modifications dont ceux-ci se trouvent susceptibles, et voyons si le sciècle où la grande société résiste à l'application des faits que nous aurons observé.

C'est un principe incontestable que partout où il y a composition il y a aussi antagonisme et résistance. Si donc l'homme n'est pas une unité simple, une substance homogène, il sera par cela même susceptible d'éprouver des combats intérieurs, où il jouera tout à la fois les deux rôles d'assaillant et d'assailli, de vainqueur et de vaincu, ce qui constatera sa double organisation et deviendra le trait caractéristique qui le distinguera du reste de la création. Il faudra convenir encore qu'une telle prédisposition peut et doit nécessairement amener des situations différentes dans le même individu comme dans l'ordre social tout entier, telles que l'harmonie ou l'équilibre des parties constituantes entr'elles, la prédominence absolue de l'une d'elles, et finalement leur état de lutte, plus ou moins ouverte, plus ou moins déclarée; et puisque telle est la réalité des choses, il faudra convenir de plus que la société peut et doit être réellement composée de trois différentes classes d'individus, l'une spirituelle, l'autre sensuelle, et la troisième présentant l'amalgame ou la fusion des deux principes depuis leur parfait équilibre jusqu'à la plus énorme disproportion, c'est-à-dire que l'humanité toute entière se trouve ainsi divisée en trois grandes catégories dont la première renfermera l'exalté, le mystique, l'inspiré, l'enthousiaste, l'illuminé, gens pour qui le corps n'est rien qu'une pure et simple mécanique et dont le but et la morale se rattachent exclusivement à l'idée qui les domine. La seconde, l'impie, l'ingrat, l'ambitieux, le trompeur, l'épicurien, le dissolu, le meurtrier, et sans distinction tous les êtres dégradés par l'adoption de la maxime : *L'intérêt est le mobile des actions*, tandis que ceux en qui l'esprit veille pour le corps et dont le corps ne résiste que peu ou point aux inspirations de l'esprit. Ceux qui savent allier le soin de leur conservation et de leurs intérêts avec les obligations, les devoirs et les convenances que la religion et la société leur imposent, composeront la troisième, en laquelle se trouveront réunis le religieux, le chaste, le probe, le charitable, le laborieux, le sobre, l'observateur de la foi jurée, l'homme de bien, l'honnête homme, l'homme social proprement dit, car toute société devient impossible avec les premiers dont les uns cherchent à s'isoler et les autres à tout absorber en eux-même.

A la vérité, une différence essentielle qu'il est utile de noter, distingue l'inaptitude sociale des deux premières catégories, l'homme sensuel reste toujours insatiable, bien plus, ses besoins augmentent par les moyens même qu'il se procure de les satisfaire : animal à figure humaine dont le corps dirige uniformément les actions, il est dans son instinct invariable comme la brute ; a-t-il consommé l'envahissement de la terre, qu'il cherche à conquérir les cieux et ne reconnaît d'autre terme à sa fureur d'acquérir que le fer dont il arme le bras des opprimés qu'il insulte ou la main même de la divinité qu'il offense, tandis que l'esprit au contraire retrouve dans l'isolement qu'il recherche, le calme qu'il avait perdu au sein de l'agitation; et, de même que les anachorètes de la primitive église, peut faire germer et fleurir au fond même des déserts où son exaltation le pousse ; tous les principes nécessaires à la communauté d'existence.

Si les principes que nous avons posés sont vrais, si la division que nous en avons déduite est exacte, nous devrons retrouver dans les masses les mêmes nuances qui se font remarquer dans les individus, et l'histoire, dans ce cas, devra présenter aussi des sciècles où le sensualisme dominera, ce qui résultera des mœurs de l'époque; d'autres où la raison maîtrisant les sens aura fait prévaloir son légitime empire, ce qui s'annoncera par une physionomie particulière, et finalement des sciècles d'opposition, de lutte et de combat entre les deux principes, lesquels devront également se faire reconnaître par des traits caractéristiques.

Je n'irai pas ici compulser des milliers de volumes pour classer chacun des sciècles qui s'y trouvent décrits dans l'une des trois catégories que je viens d'établir; ceci ne rentre pas dans le plan que je me suis tracé. Il serait d'ailleurs superflu de faire remarquer à un homme même médiocrement instruit, la différence des motifs qui déterminèrent les invasions d'Alexandre et de Saint-Louis, par exemple, tandis que le siècle des martyrs reste empreint d'une force d'ame qui ne laisse aucun point à la comparaison.

CHAPITRE V.

Classification du siècle actuel.

Si j'ai cru suffisant d'indiquer d'une manière générale le classement des sciècles qui nous précédèrent, cette sorte de prétérition ne saurait convenir au temps actuel sans nuire au développement et à la progression des idées que je veux produire ; je chercherai donc, avant tout, à déterminer le véritable caractère de l'époque, parce que tel est le seul moyen de parvenir à la connaissance du mal qui nous consume, des causes qui l'ont produit, des conséquences qu'il peut avoir, des remèdes qui nous conviennent, et pour cela nous chercherons d'abord à nous rendre compte de la nature du mouvement dont nous sommes les tristes jouets.

D'après ce que nous avons avancé ci-dessus, il semblerait inutile de répéter ici qu'il n'y a rien de politique dans un mouvement que nous avons déjà signalé comme purement social, et si je reviens sur cette question, c'est moins pour en étayer la solution par des preuves nouvelles que pour réfuter par leur ensemble les opinions sans nombre dont elle est devenue le texte, qui toutes motivées sur des faits secondaires et contemporains des évé-nemens qu'elles ont pour but d'expliquer, me paraissent par cela même également mal fondées.

Voyons cependant en quoi consistent ces diverses opinions dont le simple énoncé, s'il ne suffit à
faire partager ma manière de les apprécier, servira
tout au moins à constater le peu de progrès de nos
écrivains dans la science d'expliquer les événemens.

Tous, en effet, serviles imitateurs de leurs de-
vanciers, expliquent les troubles de 1830 comme
on expliqua ceux de 1790; c'était alors la guerre
d'Amérique, Necker, l'impôt territorial, le déficit,
le collier de la reine, la convocation des états généraux et le mode d'y voter; c'est aujourd'hui la
charte, les lois électorales, les 221, MM. Decazes,
de Villèle, de Polygnac, tous les doctrinaires en
masse, le double principe démocratique et aristo-
cratique de la prétendue constitution, les ordonnances de juillet, etc., etc.; et pour qu'il ne manque rien à l'identité des motifs, on cite encore la
guerre d'Afrique et le mécontentement qu'elle
excita parmi les libéraux, comme s'il eût été dans
la destinée de la France et de ses souverains d'acheter deux fois au prix de leur repos la liberté de la
moitié du monde.

Certes, un rôle aussi noble, aussi éminemment
épique, flattant mon amour propre français, aurait
de quoi me consoler de ma part au malaise commun, mais je ne crois pas plus à une telle prédes-
tination qu'aux effets qu'on lui attribue; je ne
distingue pas mieux les rapports nécessaires qui

peuvent exister entre une généreuse entreprise et les malheurs les plus inouis, que la connexion qui rattache la double base de la charte de 1814 à l'anarchie de 1830, alors que mes yeux au contraire ne distinguent d'autre harmonie dans ce monde que celle produite par le concours nécessaire de deux ou plusieurs principes différens.

Des réflexions bien simples auraient dû, ce me semble, tempérer l'ardeur explicative de nos publicistes; et d'abord, outre la crainte de ravir à l'homme toute chance d'amendement en le détournant par de fausses indications de la seule voie qui peut y conduire, ils auraient dû remarquer que faire ainsi dépendre le repos du monde de causes aussi nombreuses, aussi diverses, aussi fortuites, c'était paralyser toute prévoyance par l'impossibilité d'en retirer un secours utile et lancer l'humanité dans les sentiers ténébreux de la fatalité ; tandis que d'autre part si l'insertion dans la charte d'une clause aussi inoffensive, d'un usage aussi généralement adopté par les anciens et les modernes et aussi profondément enraciné dans nos mœurs, que celui du double principe, par exemple, devait nécessairement produire cette longue série d'attentats que l'on nomme une révolution. La conséquence d'une telle façon de raisonner serait l'accablante responsabilité d'un législateur coupable, tout au plus de maladresse ou d'un vice d'intelligence, et l'absolution des méchans qui dès-lors sont censés avoir été poussés au crime par suite d'une situation indépendante de leur volonté.

Inculper les bons, absoudre les coupables, tel pourrait donc être le résultat d'une semblable doctrine; un tissu d'horreurs ne serait donc pas une donnée suffisante pour préjuger des mœurs d'une nation, il faudrait avant tout analyser ses lois pour y découvrir l'article responsable ou approfondir l'histoire des salons pour y trouver l'anecdote ou le personnage qui devrait porter le poids de ses communes iniquités.

L'exposition d'un semblable système en est sans doute la meilleure réfutation; mais en supposant moins inadmissibles et moins absurdes les conséquences que nous en avons déduites et qui en résultent bien clairement, en serait-il moins vrai que le plus sûr moyen d'expliquer l'histoire des peuples, comme les actes de l'individu sera toujours la connaissance des principes qui leur servent de guide? et si, comme nous l'avons dit ci-dessus, il n'y a d'autre mobile pour l'homme que les principes physique et spirituel, si encore dès long-temps avant 1830 nous voyons le premier des deux déceler son ascendant en mille manières, par le rôle des intérêts matériels qu'on retrouve partout et en première ligne, par la force brute disposant de la souveraineté au préjudice de l'intelligence et du bien public, par la primauté de la jeunesse, dont les vieillards recherchent l'approbation ou mendient les suffrages, par le despotisme toujours croissant de la puissance temporelle et les fréquentes mutations de dynasties, par la dissolution des moeurs, le luxe des tables, des habits et des ameublemens, par la persécution des ministres de notre religion sainte et la faveur accordée aux autres cultes, enfin par la profanation de nos temples et le renversement de la croix, ce signe auguste et révéré du spiritualisme, pourrait-on, à des preuves aussi frappantes, méconnaître un de ces mouvemens d'antagonisme résultant de la constitution de l'homme, un combat de l'esprit au corps, une crise de l'ordre social, une réaction sensuelle, en un mot une révolution, car ce mot ne saurait trouver de juste application dans les événemens politiques qui n'en sont que l'indice ou le produit.

Mais j'oubliais encore dans la difficulté, disons mieux, dans l'impossibilité que nous éprouvons à nous entendre, l'une des indications les plus caractéristiques de l'ordre de choses que je signale.

La vanité, en effet, étant un de ces vices dont l'esprit véritable ne saurait être atteint et dont les qualités matérielles sont la source commune. Il suit de là qu'une époque véritablement sensuelle doit être éminemment imprégnée d'orgueil, fruit naturel de cette dépravation qui lui a fait dire *non est Deus.* Un tel siècle réalisant à ses dépens les très-véridiques allégories des mythes chrétiens, doit donc chercher à édifier à sa manière une nouvelle

Babel, et encourir le châtiment connu d'une telle entreprise. Or n'est-ce pas incontestablement ce qui arrive aujourd'hui au siècle des lumières? Sans doute on n'y répond pas en bas breton à la demande faite en langue tudesque; mais qu'importe si les effets sont les mêmes? Qu'importe si les préten-dans à une perfectibilité indéfinie ont à ce point perdu de vue la mémoire ou l'acception des termes, qu'ils ne puissent plus parvenir à se comprendre dans un même langage? La punition ne me paraîtra que plus évidente, si le même vocabulaire fournit à des idiomes divers entr'eux à ce point étrangers, que toute relation devienne impossible des uns aux autres, or, encore une fois, n'est-ce pas là ce que nous éprouvons?

A voir ce qui se passe sous nos yeux, on dirait qu'il y a dans la parole une puissance occulte et sacrée qui décèle sa haute généalogie, et dans la violation de cette puissance je ne sais quel délit tenant de l'impiété, que le Ciel aime à punir par la confusion et les ténèbres dont il enveloppe ceux qui s'en rendirent coupables. Quels rapports, en effet, peuvent subsister entre l'homme régulière-ment constitué et celui qui vous parle de l'incivis-me de Malesherbes et du patriotisme de Marat, de la philantropie de Robespierre et de la férocité de Charles X, de la félonie de sa garde et de l'héroïsme des forçats libérés? Que dire, à qui voit une constitution dans un chiffon de papier, la liberté dans la licence, le bonheur dans un vil métal, et une révolution dans la chûte d'un homme? Comment s'entendre avec qui semble ignorer que s'il suffit d'un but bon ou mauvais pour former un parti et d'une maxime pour distinguer une nation, il faut nécessairement un principe commun pour constituer une société; que ce principe social c'est Dieu lui-même, et que là où il n'est pas avec la spiritualité qui marche à sa suite, il ne reste plus que des corps et des appétits de même nature, entre lesquels il y aura inévitablement concurrence, guerre et division, et jamais société, paix et concorde.

Inutilement on chercherait à discuter avec des gens dont la doctrine est à ce point frappée d'interdiction, qu'elle ne peut même servir de moyen de communication entre ceux-là même qui la professent.

Qui n'a gardé le souvenir d'une séance de la chambre des Députés, ou deux des premiers parleurs d'un pays qui en compte un si grand nombre, furent conduits par les débats à déterminer, pour l'avenir seulement, la question résultant des journées de juillet, abstraction faite de tout précédent, ce qui était diminuer de beaucoup l'importance de la thèse. Rien ne fut négligé dans cette mémorable discussion; l'élocution, le style et l'euphonie furent également soignés, les champions se surpassèrent, tous deux firent des prodiges; mais il fallut se séparer sans conclure, et faute de pouvoir s'entendre, rester chacun sur son terrain. Ce résultat prodigieux entre deux hommes qui avaient conspiré et combattu ensemble pour une cause dont ils ne purent alors même se rendre raison, était pourtant inévitable; car l'un, doué des mœurs du renard, paraissait vouloir se borner au festin de la poule prise, tandis que l'autre, répondant par le funeste cri de l'hiène, semblait ne pouvoir être rassasié que par le sacrifice du dernier écu et le sang du dernier homme. Remarquons encore que leur dissentiment était une conséquence rigoureuse de leur disposition morale, car l'homme qui a une fois abdiqué, par l'oubli de sa spiritualité, le rang élevé qu'il occupe sur la terre, pénétrant aussitôt dans les voies sensuelles, précédé de son individualisme avec ses goûts et ses appétits particuliers, son plan et ses moyens de les satisfaire, n'est plus ici-bas qu'un nouveau Nabuchodonosor subissant la condition de la brute sans espoir d'y trouver ses analogues.

Convenons donc qu'un mouvement qui présente à un haut degré tous les caractères que nous venons de décrire et qui les cumule encore avec une foule d'autres non moins significatifs, tels que l'ardeur immodérée des jouissances de la vie, l'avarice jointe à la prodigalité, le mépris de l'homme et l'absence de toute charité, est un mouvement sensuel, révolutionnaire, inconstitutionnel, anti-social, et qu'il faut être plus que préoccupé pour en découvrir l'origine dans une loi quelconque, dans le personnel d'un ministère ou toute autre considération politique.

Mais les sens agissent-ils seuls dans ce mouvement, et n'y a-t-il donc rien en ce monde qui en arrête ou puisse paralyser les efforts ? Gardons-nous bien de le croire et surtout ne le désirons pas.

Sans doute il est permis au matérialiste qui n'a pu comprendre la double nature de l'homme et son principe spirituel, de se méprendre sur cette question, et à la vue de ses maximes admises sans résistance, et du triomphe de sa perversité, de croire à l'empire absolu d'un système dégradant ; mais par la même raison qu'il n'a pu comprendre l'esprit, il est incapable d'apprécier sa manière de résister et de combattre ; dépourvu de bras, ce n'est point en repoussant le fer par le fer, la force par la force qu'il défend sa suprématie, il laisse aux maîtres de la terre le soin de supputer leur puissance par le dénombrement des lances qui les entourent et des chars de guerre qui les accompagnent. Il ne connaît, lui, d'autres armes que ses convictions et sa foi, d'autre égide que le nom du Seigneur ; et si Céphas tire l'épée dans un moment d'exaltation bien excusable, un Dieu est là pour modérer cet élan et lui apprendre que le supplice lui-même n'a rien qui puisse l'autoriser à recourir à de semblables moyens.

Aussi remarque-t-on que toutes les contentions où l'esprit entre pour quelque chose, sont essentiellement longues à vider, dépourvu de la vitalité matérielle et de l'impétuosité qui la caractérise, ce n'est qu'à force d'épreuves et de sacrifices douloureux qu'il rétablit sa prééminence méconnue, ce n'est que par le déploiement soutenu d'une constance dont la chair se trouve incapable, qu'il ressaisit l'empire qu'on lui conteste. C'est ainsi que fut fondé le système social dont il est le chef légitime; c'est ainsi qu'il se soutiendra, j'en ai pour garant l'impassibilité des victimes déjà proscrites et le profond mépris des peuples pour leurs lâches persécuteurs. Laissons aux rédacteurs du Globe leur insipide joie de ce qu'ils appellent la caducité du christianisme; le temps dessillera d'aussi grossières erreurs et prouvera que cette religion, qui n'est autre que le modérateur des sens ou l'esprit lui-même, se trouve par cela seul à l'abri des ravages du temps. J'en appelle au vautour qui déchire nos entrailles sans cesse renaissantes, aux harpies qui viennent salir et corrompre toutes nos jouissances; j'en appelle au triste produit de la discordance de nos mœurs avec les principes que nous avouons et dont la pratique commande encore l'admiration de ses propres détracteurs, au malaise en un mot, c'est à lui à révéler la vigueur et la jeunesse d'un principe qu'on s'efforce en vain de méconnaître, alors que tout vient témoigner de sa haute influence ; jusqu'à présent c'est par lui seul que s'annonce le caractère militant des temps où nous vivons ; pour quelque temps encore c'est par lui seul qu'il se démontre; mais les hommes sensuels ne s'y méprennent pas, et si nous les voyons s'agiter avec tant de violence en s'excitant au crime, si leurs sinistres rugissemens retentissent au loin, c'est qu'ils ont instinctivement compris par ce malaise, par cette protestation puissante, gravée jusqu'au fond même de leur cœur et dont leur bouche est contrainte d'exhaler l'aveu, tout ce que l'esprit prépare de résistance à l'invasion d'une doctrine brutale, tout ce qu'il y a de redoutable dans une opposition basée sur la constitution même de l'homme, et tout ce qui leur reste de chances à courir et de combats à livrer avant de pouvoir célébrer la plus déplorable des victoires !...

CHAPITRE VI.

Des résultats qu'entraînerait la victoire des sens.

Le monde ayant été une première fois rangé sous l'empire du sensualisme, il est facile de comprendre par l'histoire de cette époque le degré de misère et d'abjection que nous réserverait le triomphe des sens dans la lutte qui vient de se renouveler, et a cet égard il n'est pas jusques à la géographie de la terre durant ces anciens temps, qui ne fournisse les preuves les plus certaines et les moins récusables.

Il est en effet très-remarquable qu'avant Jesus-Christ on ne trouve jamais deux grands peuples à la fois sur le globe ; les Assyriens le cèdent aux Mèdes, ceux-ci aux Perses succombant à leur tour sous Alexandre dont l'empire devient la proie des Romains. La raison en est simple, un peuple sensuel doit être insatiable comme les sens qui le dirigent ; l'esclave du corps ne peut être et ne sera jamais satisfait ; il se lasse de tout ce qu'il obtient, désire tout ce qu'il n'a pas, tout ce qu'un autre possède, d'où une guerre interminable qui réalisant la fiction très-significative des hommes de Cadmus, doit finir par la domination d'un seul.

Avec de tels principes, avec de telles constitutions, les nations ne supportent pas de rivalité et l'individu ne peut s'accommoder au bonheur d'autrui, car le particulier annonce l'impulsion constitutionnelle de la même manière que les masses. L'ambition des gouvernans dévore aussi les gouvernés, la même cupidité enflamme le sujet et le souverain, une insatiable rapacité les fait également reconnaître, et tandis que l'un forge des fers pour contenir les nations opprimées, l'autre prépare des cachots et des chaînes à ses propres concitoyens dont il finit par épuiser les biens, ravir la liberté et vendre les corps comme d'un vil bétail. C'est au règne le plus détestable de l'empire, celui de Tibère, que s'applique cette observation de Tacite, *minore in dies plebe ingenua*; ce n'est pas tout, gonflé de dépouilles, l'homme sensuel ose encore convoiter le pouvoir suprême, plus il a le cœur matériel, plus il se sent d'insatiabilité, plus il se croit digne du trône, et pour y parvenir, il trame, il conspire, il séduit, il égorge, et l'on voit aux Néron succéder des Galba, des Othon, des Vitellius, des Vespasiens, etc., etc. Autant de monarques, autant de familles; autant de règnes, autant de guerres civiles, car telle est la théorie des intérêts mise en action, voilà les sens, tels ils furent, tels ils sont encore, telle est la constitution qu'ils imposent et les résultats qu'elle promet.

Digne précurseur et compagnon obligé d'un tel système, il faut encore joindre le malaise à la triste série des calamités qu'il entraîne ; ce trait auquel on distingue l'homme indécis et flottant entre ses appétits et sa conscience, entre ses devoirs et ses goûts, est par-dessus tout caractéristique de l'invasion des sens ; indice certain d'un fort intérieur inquiet et mécontent, il est particulier au matérialistes et aux peuples dont on a rompu les liens religieux : moins violent que les maux qui l'accompagnent ou le suivent, il trouve dans la permanence de son action un aiguillon qui le rend le plus cruel et le moins supportable de tous ; c'est lui qui oblige le malheureux qui ne peut le vaincre par un courageux retour à porter sur lui-même une main criminelle, générateur du spléen, conseiller de tous les suicides, c'est encore lui qui, après avoir éteint tous les sentimens nobles et généreux, dispose les peuples athées à désirer la fin de leur existence politique. Lorsque Rome eut abandonné la spiritualité qui lui était propre, lorsque sans impiété on put y faire jetter à l'eau les poulets sacrés qui refusaient leur nourriture, elle ne tarda pas a reconnaître dans ses propres enfans les plus cruels ennemis de sa prospérité : *suis quoque periculis lætabantur*. La raison en est simple, un repaire n'est pas une patrie, ainsi encore lorsqu'on osa dire en France qu'une couronne valait bien une messe, nous vîmes bientôt des français déplorer les succès de nos armées républicaines, et des libéraux faire

des vœux publics pour l'extermination de nos soldats d'Afrique. L'empire Germanique vaincu et
terrassé par le secours de la confédération du Rhin
prouve que cette disposition funeste est aussi générale parmi les peuples de la chrétienté que la
cause même qui la produit, et qu'il faut bien que
la vieille Europe s'apprête à subir le joug des plus
avilissans despotes ou reconnaître enfin tout ce
qu'il y a de honteux dans les noms d'Anglican et de
Luthérien, de Gallican et de Calviniste, flétrissans
sobriquets, injures de haute portée qu'elle supporte
depuis trop long-temps pour le bonheur et le repos
du monde.

CHAPITRE VII.

*Origine de la lutte, ses causes, son état et son
issue probable.*

De tout ce que je crois reconnaître d'erreurs
dans les diverses opinions émises sur le sujet que
je traite, je ne sache rien de plus faux ni de plus
circonscrit que de vouloir faire dépendre notre
situation politique actuelle des ordonnances dites
de juillet; celles-ci, en effet, ne furent de la part
du pouvoir qu'une mesure conservatoire contre un
ordre de choses à l'établissement duquel il travail-
lait lui-même depuis des siècles par une révolte
non moins matérielle que celle dont il est tombé
la victime, et pour les agitateurs le prétexte d'action
d'une conjuration préexistante dont on a fait l'aveu
solennel après l'événement. On ne saurait donc
plus gratuitement confondre les causes avec leurs
effets, l'action principale avec ses épisodes, le fond
avec l'incident, et cependant il faut l'avouer, cette
erreur, du moins dans les premiers momens, a été
celle des dix-neuf vingtièmes de la France. Un tel
aveuglement s'explique de lui-même, un sciècle
matérialiste doit nécessairement errer. Préoccupé
par son individualisme et privé des règles simples

et sûres qu'il puisait dans le grand principe qu'il a délaissé, tout se résoud pour lui en questions vagues et personnelles de police et de forme, d'argent ou de calcul dont les phases diverses sont exprimées avec les mêmes termes qui devraient exclusivement servir à caractériser le mouvement naturel de l'esprit humain. Aveuglé par les intérêts matériels dont il s'est fait la plus méprisable des idoles, il confond les lumières et les ténèbres, le sophisme et la raison, l'exception et la règle, l'ordre et l'anarchie, la société avec toute agglomération, l'altération du système constitutionnel avec toute catastrophe politique, et partout où il voit un changement dans le personnel du pouvoir quelque identique que soit d'ailleurs le but gouvernemental du monarque déchu avec celui du prince nouveau couronné, il appelle cela une révolution ; cependant la continuité d'un même principe, ne forme qu'un seul et même règne du moins pour le peuple gouverné, et s'il est vrai que de Louis XIV à Napoléon, par exemple, qui tous deux poursuivirent en le caressant le rêve d'une monarchie universelle, en violation de l'ordre social, on ne puisse trouver une véritable différence ; pourquoi trouverait-t-on une révolution dans la supplantation qui s'opéra en juillet, alors qu'il est prouvé que la nouvelle dynastie, non moins mal conseillée que la précédente, se traîne péniblement dans la même ornière , escortée des mêmes hommes et appuyée sur les mêmes idées. A la vérité on prétend, car on veut en tirer gloire , avoir détruit alors la légitimité et aboli le droit divin , ce qui, si la chose était vraie, aurait quelque chose de vraiment révolutionnaire ; mais ce n'est là qu'une jactance insensée de conspirateurs dont la sphère de capacité ne s'étend pas au-delà des affaires d'intérêt et de ce qui peut offrir une pâture à leur insatiabilité ; ici les faits démentent évidemment les assertions , car jamais événemens de la nature de ceux de juillet ne coincidèrent avec l'empire des principes dont on parle : ce n'est que long-temps après que le droit divin a été méconnu, car pour celui-là , il n'a pas été donné à l'homme de le supprimer , ce n'est que long-temps après que la légitimité a été délaissée , car de même que la vertu, elle ne peut être aliénée que par ceux-là même qui en sont décorés, que l'on voit se former de noires trames et s'ourdre des catastrophes ; celle de juillet n'a rien de contraire à cette manière de voir , et certes il ne faut pas un grand effort d'intelligence pour comprendre que les rois de la branche aînée des Bourbons n'étaient plus que des rois de fait comme le sont aujourd'hui ceux de la branche cadette, et il ne faut pas avoir la vue très-longue pour s'apercevoir qu'en 1830 il n'y avait ni légitimité, ni droit divin en France ; bien plus, tout prouve que ces deux mots qui ont d'ailleurs un sens réel et profond, avaient, comme tant d'autres, perdu jusqu'à leur véritable signification parmi nous. On a beau feuilleter nos modernes publicistes pour trouver une bonne définition du mot légitimité, on n'y découvre rien qui puisse satisfaire; pour l'un c'est un droit réel au commandement que la naissance confère, pour l'autre c'est une fiction de la loi inventée dans l'intérêt des peuples, un troisième plus vague encore voit dans la justice la source unique de toute légitimité, tout en convenant que la notion de cette même justice peut au gré des passions servir de prétexte à tous les crimes.

Enfin, M. le comte de Maistre, l'un des auteurs le plus compétent sur la matière, dit : « quant » à la légitimité, si dans son principe elle a pu pa- » raître ambigue, Dieu s'explique par son premier » ministre au département de ce monde, le temps. » Ce qui est dire en d'autres termes que la dynastie la plus légitime est celle dont l'usurpation est la plus ancienne. On conçoit que cet écrivain, homme très-recommandable d'ailleurs, aurait beaucoup mieux fait de se taire que d'émettre une opinion à ce point erronnée, que je ne sache rien de plus favorable aux agitateurs et aux ambitieux. Heureusement pour le repos du monde, il est faux que la légitimité puisse avoir quelque chose d'ambigu dans son principe, et il ne l'est pas moins que le temps puisse la produire contrairement à la maxime *quod ab initio*. Elle porte au contraire en elle des caractères de certitude auxquels il n'est pas permis de la méconnaître. C'est l'exercice du pouvoir temporel selon le système social, avec l'approbation tacite ou formelle de la puissance spirituelle dont les préceptes doivent lui servir de guide, ou si l'on veut, l'exercice du pouvoir temporel conforme aux règles du droit divin clairement indiquées par la constitution de l'homme, ce qui est dire la même chose, d'où suit qu'il ne suffit pas d'avoir hérité d'une couronne, ou d'y avoir été appelé par le vœu du peuple, en supposant que le peuple ait un moyen d'exprimer un vœu pour en être réputé le légitime souverain, car si ces deux circonstances peuvent se trouver réunies en faveur d'un homme tel que Marcaurèle, par exemple, on sait aussi qu'il peut avoir l'horrible Commode pour successeur, et qu'un monstre pareil ne peut en aucun cas être légitime. La légitimité ne saurait donc être considérée comme le privilège d'une personne ou d'une race, mais seulement comme un droit conditionnel conféré à un individu à la charge par lui de gouverner d'après la loi qui a précédé tous les gouvernemens possibles, c'est-à-dire d'après la loi constitutionnelle de l'homme; et comme le christianisme seul a mis cette loi en évidence soit par le dogme de l'immortalité de l'ame, soit par la division et la hiérarchie des pouvoirs qu'il a établis d'après cette base, il suit encore de là qu'il ne peut y avoir de gouvernemens ou de souverains légitimes s'ils ne sont en même temps chrétiens et catholiques romains, parce que, indépendamment de la non interruption et de l'antiquité de sa possession d'état, il n'y a que Rome qui ait reçu et conservé une direction propre à se maintenir en société avec l'univers entier, soit par la division qu'elle opère de fait et de droit entre le pontificat et le sceptre, soit par le juste anathème qu'elle prononce contre toute dissidence, et principalement contre toute église dite nationale dont l'effet est de réunir des pouvoirs, qu'à bon escient, le génie du christianisme a voulu séparer.

Rien n'indiquant dans ce système que les hommes puissent être considérés comme la propriété des rois qui les gouvernent, on est conduit à reconnaître que la supplantation d'une dynastie illégitime ou considérée comme telle par suite de l'incapacité de ses membres, ne saurait constituer une usurpation. Qu'ainsi, Galba, Othon, Vitellius et Vespasien, par exemple, ne peuvent pas plus être réputés usurpateurs les uns à l'égard des autres pour s'être mutuellement expulsés d'un empire fondé sur le système indivuel, c'est-à-dire sur l'absence de tout système. Que Charles-Martel, et le premier des Capets qui, *nemine contradicente* remplacèrent officiellement des princes énervés, qui dès longtemps s'étaient déchargés sur eux des soucis du gouvernement.

Il y a fort loin de là, sans doute, à la prétention de régner par voie de succession, et si ce système ne porte pas au contraire l'exclusion formelle de la transmission héréditaire de la couronne, on conçoit que ce ne peut être qu'à la charge expresse de maintenir intact le principe d'où découle la seule légitimité possible, c'est-à-dire le système social et la division des pouvoirs spirituel et temporel qui en est la conséquence.

Or, ce système pas plus que la légitimité qui en résulte, n'existaient en France au moment où survinrent les troubles de juillet.

Je sais bien que pour beaucoup de gens la légitimité qu'ils font dériver de la loi salique, consiste dans le seul droit de succession au trône de mâle en mâle par ordre de primogéniture, et que cette légitimité qu'un plus grand nombre rejette avec raison comme lésant les intérêts de l'homme, sa constitution et sa dignité, ils la retrouvent pleine et entière en la personne de Charles X, malgré la supplantation de deux races Royales non éteintes au moment de leur expulsion.

Mais d'abord, il faut convenir que ce que nous appelons loi salique, que faute de pouvoir la produire on a dit être écrite *ès cœurs des Français*, qui ne s'en doutent guère, fut beaucoup moins une loi qu'une coutume, une constitution qu'un simple règlement prescrit par la nécessité à des peuples guerriers tels que les Germains, et que ce n'est donc pas dans une disposition assez peu significative par elle-même, pour qu'on puisse la considérer comme le résultat d'une situation passagère, qu'il faut chercher cette base constitutionnelle dont le mot légitimité implique la préexistence.

Nous l'avons déjà dit, pour le peuple comme pour l'individu, la constitution est la loi mystérieuse qui réunit l'esprit à la matière pour ne faire qu'un seul et même corps ; d'où résulte qu'un peuple ne saurait être considéré comme définitivement constitué qu'à partir du jour où il dressa des autels et fléchit le genou devant Dieu, c'est-à-dire du moment qu'il joignit son existence animale à une religion caractéristique à la direction de laquelle il soumit tout ou partie de ses sens.

Inutile de dire que s'il n'y a qu'une manière de constituer un peuple en corps de nation, il y a différens degrés de perfection dans le mode à employer pour atteindre ce but, et que cette perfection dépendra de la bonté de la religion qui aura servi de base. Semblables entr'elles par la nature des idées qu'elles suggèrent, les religions ne sont pas toutes spirituelles au même degré, et les cons-

titutions dont elles deviennent le principe ne sauraient communiquer la même force vitale au corps
national qui les adopte. Le choix en pareille
matière ne saurait donc être indifférent; que
Dupuis ne conçoive dans le catholicisme qu'un
paganisme travesti, que Gerbet au contraire
ne trouve dans celui-ci qu'un christianisme défi-
guré, de telles opinions contradictoires en appa-
rence ne sont pas inconciliables au fond; Dupuis
seul, atteint d'érudite myopie, est tombé dans le
travers de juger les formes typiques d'après des
anomalies, et la beauté grecque d'après la structure
hottentote; mais en matière de législation, comme
en matière de foi, il ne faut pas perdre de vue que
de telles illusions produites par l'ignorance du
fond des choses combinée avec la fureur de paraître, sont de la plus haute gravité puisqu'elles peuvent faire descendre l'homme forcé de faire un
choix de la sublimité de l'Évangile aux ténèbres
du Koran, du dôme radieux de l'Église à l'obscu-
rité de la pagode, de la communion du Pape à la
discipline d'un ministre ou d'un muphti, et, par
suite, le faire passer de la véritable liberté sous les
verges du despotisme le plus dégradant d'un gouvernement sage et paternel, sous les serres impi-
toyables des avocats et des financiers, et des avantages du système social à tous les inconvéniens de
l'individualisme.

Quoi qu'il en soit, reste qu'il n'y a qu'une manière de constituer un peuple en corps de nation, et que rien n'a pu soustraire la France à l'empire de la loi qui le veut ainsi. Une exclamation puissante, qui des champs de Tolbiac a retenti jusqu'à nous, prouve au contraire qu'elle s'y est conformée, et que c'est en courbant la tête devant saint Remi, pour en recevoir l'onction sainte, que le sicambre Clovis fonda, ou, ce qui est dire la même chose, constitua la monarchie française; c'est dès ce moment du moins qu'il reconnut dans les machines qu'il avait jusques-là conduites au combat, un esprit distinct de leur corps, base sociale dont il ne retint que l'un des élémens, tout en contractant l'obligation implicite de leur accorder un gouvernement fondé sous ce double rapport.

Je ne connais en France d'autre constitution que celle-là, car je ne donne pas ce nom aux plates productions de nos modernes réformateurs, et ne vois d'autre légitimité que celle qui en découle; car je ne crois pas à la souveraineté populaire ni à la possibilité des transactions qu'elle présuppose entre gouvernans et gouvernés. C'est de cette charte auguste qu'émane notre droit public français; c'est elle qui par sa date conférait à nos Rois le titre de fils aîné de l'Église, et par un article additionnel celui de très-chrétiens, qualifications dont on a malheureusement méconnu la haute importance : comme la loi salique, non-seulement elle prohibe le règne des femmes par induction, mais très-explicitement encore celui de tout prince voluptueux ou cruel, ambitieux ou insensé, des Claude comme des Néron, des Sardanapales comme des Gengis et des Tamerlan ; ses conséquences sont d'ailleurs aussi heureuses que son esprit est facile à saisir. Par elle les Rois ne commandent qu'à la moitié de mon être ; mon esprit conserve vis-à-vis d'eux toute son indépendance, et j'ai de plus le droit d'exiger qu'ils ne disposent de ma personne et de mes biens, qu'avec la bienveillance que prescrivent également et mon titre de co-associé et une constitution qui fait de l'amour du prochain le premier des devoirs.

Or, je le répète, la légitimité découlant d'une telle loi n'existait pas en France lorsque survinrent les troubles de juillet : dès long-temps, pour leur malheur et le nôtre, cédant aux illusions de l'orgueil, les Rois de la branche aînée des Bourbons l'avaient aliénée en suivant le mouvement révolutionnaire dont l'Europe déjà, dès le douzième siècle, avait reçu l'exemple funeste.

Autant que tout autre, je déplore les revers inouïs de Charles X et la disgrace imméritée du dernier rejeton de sa famille ; mais s'il était prouvé que les Rois de cette race, franchissant les limites de leurs fonctions temporelles eussent porté une main sacrilège sur les attributions du pontificat ; s'il était démontré que de cette altération constitutionnelle et de la nécessité d'en corriger les effets fût née cette opposition d'abord parlementaire et plus tard tribunitienne, que la loi du christianisme avait retranchée comme superflue sous son empire et dont le rétablissement parmi nous aurait occasionné toutes les perturbations que nous éprouvons, j'avoue que ce ne serait qu'avec difficulté que je me rendrais compte des transports que font éclater, au nom de Henri de Béarn, des hommes qui se disent légitimistes, et que je ne trouverai rien de noble dans une fidélité prétendue qui impliquerait en faveur de mon semblable la reconnaissance d'un droit exclusif à me gouverner. C'est à force d'avoir voulu considérer le sceptre comme l'apanage de certaines familles, que l'on est parvenu, d'erreur en erreur, jusqu'à la découverte du peuple souverain, système beaucoup moins choquant, quoique non moins déraisonnable, car s'il est plus naturel de croire que le peuple appartient au peuple en corps qu'à l'un de ses membres, il n'est pas moins absurde de confondre ensemble la propriété avec le propriétaire, le gouvernant avec le gouverné.

Des raisonnemens aussi faux, des maximes aussi choquantes conduisent à reconnaître que nous n'avons aujourd'hui que de fausses notions sur l'institution des pouvoirs, et qu'il y a nécessité de voir dans la souveraineté, de même que les premiers chrétiens, une délégation divine de gouverner un peuple sous des prescriptions immuables et connues, dont l'accomplissement forme ce que nous appelons la légitimité : la légitimité n'est donc pas une personne, mais une chose, et une chose de facile remplacement lorsque sans lésion, d'ailleurs organique, elle se trouve accidentellement interrompue.

Cette facilité à se reproduire est même un de ses caractères indispensable pour la distinguer de toute faction politique ; que les partis soient gênés et contraints dans leurs mouvemens, cela se conçoit, leur formation n'ayant qu'un but précis, ils doivent ou se dissoudre ou le poursuivre à travers tous les obstacles qui se présentent durant le cours de l'action. Ainsi les libéraux voulurent l'expulsion de la branche aînée des Bourbons, même au prix de ce que l'on a appelé depuis une comédie de quinze ans, et des malheurs inévitablement attachés à tant de bassesse ; mais l'homme social, le vrai légitimiste, à l'abri de tels caprices, ne saurait en éprouver les inconvéniens ; il ne réclame ni ne proscrit qui que ce soit, il n'invoque que ses principes, toujours prêt à accepter et défendre les chefs qui en réunissent les conditions. Renversez cet ordre de choses en plaçant les personnes avant la règle, et le légitimiste de même que le libéral n'est plus qu'un partisan, et dans l'espèce qui nous occupe, un partisan d'autant moins significatif, qu'il fixe son choix sur une tête que ses principes repoussent sur un Prince qui peut bien devenir légitime sans doute, mais qui ne l'est pas dans le moment actuel par suite des infractions non rétractées de ses prédécesseurs contre la loi constitutionnelle de l'état.

On connaît en effet cette hérésie politique et religieuse en même temps, que la modération du saint siége permet encore de désigner par le très-ridicule nom de libertés de l'église gallicane qui ne fut que la suppression de son indépendance et son démembrement de l'église universelle ; on connaît les intrigues et les persécutions parlementaires dirigées au nom du roi contre l'autel dont elles firent un centre de scandale et contre le sacerdoce qu'elles finirent par chasser du temple et conduire à l'échaffaud ; on connaît l'expulsion géminée des jésuites sur les motifs les plus mensongers et la dispersion de toute corporation religieuse dans un royaume soi-disant très-chrétien ; on connaît la dévolution au roi de la nomination des évêques, son droit de prohiber la publication des bulles et la tenue de tous conciles dans l'intérieur de ses états ; on connaît la confiscation du patrimoine de l'église, la rétribution du clergé par le trésor public, et la

déchéance de ses membres jusques au rang de simples fonctionnaires civils; on connaît en un mot
la trop fameuse déclaration de 1682 et les conséquences qui en sont résultées jusques à ce jour,
conséquences non moins avérées que leur origine
et qui sont autant d'attentats du pouvoir temporel
contre la puissance spirituelle, c'est-à-dire contre
l'élément social destiné à le contrebalancer, et je
ne crains pas de le dire, à le dominer moralement.

Voilà la véritable révolution dont les divers accidens politiques que nous éprouvons ne sont que
le triste fruit; c'est de cette révolte flagrante du
corps contre l'esprit que résulte un ordre nouveau
de choses que les peuples n'ont point provoqué et
dont ils sont néanmoins les victimes; c'est elle qui,
sappant par sa base notre système constitutionnel,
produit par ses développemens successifs le malaise
que nous éprouvons, et s'oppose tant qu'elle durera
à la légitimité des princes qui s'y trouvent engagés,
car pour être légitime il faut d'abord être en harmonie avec la loi, c'est elle enfin qui livre les peuples de la chrétienté à des gouvernemens arbitrai-
res et de fait; les trônes de l'Europe au premier
occupant et nous expose à toutes les horreurs des
guerres civiles qui suivent ou précèdent les chan-
gemens de dynastie.

Mais encore un coup, cette révolte ne date pas
de juillet qui n'en fut qu'une conséquence. Philippe

de Souabe, aidé plus tard de Luther et Calvin, Henri VIII et Louis XIV en furent les premiers fauteurs, et l'origine en est toute matérielle, car Philippe défendait son ambitieuse avidité, Henri VIII sa lubrique intempérance, Louis XIV son orgueil, et si l'on remarque que Luther et Calvin étaient nés de l'autre côté du Rhin en des pays gouvernés par des monarques à l'ambition desquels le saint-siège avait dû soustraire l'Italie, on trouvera peut-être dans la protection naturelle de ces souverains envers les détracteurs du chef du spiritualisme chrétien la cause première de leur défection; c'est-à-dire que c'est toujours la partie matérielle de la société représentée par les rois qui lutte contre la légitime domination de l'esprit dans le but de river des fers que celui-ci fait profession de briser et détruire.

On ne conçoit pas comment en présence de pareils faits le philosophisme a pu abuser tant de monde ou se méprendre lui-même sur la vérité qui en découle, au point de se livrer à une critique constante et amère de la puissance spirituelle, au bénéfice et dans l'intérêt très-mal entendu d'ailleurs des têtes couronnées; de telles méprises de sa part ne peuvent s'expliquer que par les honneurs et l'or qu'il attendait de ses satires et de ses calomnies, car si l'on retranche cette cause d'une erreur volontaire, il devient par trop facile de reconnaître les avantages du joug spirituel sur toute autre domination, ne fut-ce que par les malheurs de ceux qui le secouèrent avant nous.

Que sont en effet devenues l'Asie, l'Afrique et la Grèce, ces premiers déserteurs de la société universelle? Le despotisme le plus brutal, le plus dégradant esclavage n'est-il pas aujourd'hui leur partage? Quest-ce que cette Allemagne qui renouvellant dans notre Europe les égaremens de l'Orient s'est la première séparée de notre communion? N'est-ce pas le pays où la féodalité a poussé les plus profondes racines et où le bâton sert encore à la police des hommes! Cette Angleterre tant vantée pour les esprits forts et les richesses qu'elle renferme, n'est-elle pas aussi la contrée où se trouvent accumulés le plus d'indigens et de misérables, la terre classique du privilège et les antipodes de la charité? Quest-ce enfin que notre France qui, la dernière s'est engagée dans cette déplorable voie? N'est-elle pas aussitôt devenue la proie de mille tyrans avides, un foyer de dégoûtantes intrigues et de la plus insupportable anarchie? Elle est devenue de plus l'effroi de l'Europe par l'intention qu'elle lui suppose d'aspirer à la monarchie universelle, et l'Europe, il faut en convenir, est fondée dans ses appréhensions; sans doute cet orateur anglais qui vient de nous accuser d'avoir toujours nourri le même projet, a erré faute de comprendre le fond des choses et la nature de la question ; mais il y a vérité dans son reproche pour toute la partie de notre histoire depuis Louis XIV jusques à ce jour, c'est-à-dire que nous sommes ce que naturellement nous devions devenir après notre désertion du système social ; individus, nous sommes devenus insatiables comme la matière ; mais pour être juste envers tout le monde, lord Aberdeen aurait dû ajouter que nous n'avions élevé nos prétentions jusques à la conquête de la terre entière que long-temps après que lui et les siens eurent pour la même cause essayé d'en soutirer le dernier écu.

De cette hideuse ressemblance des peuples dissidens de l'ordre social, peut jaillir à chaque instant l'effrayante punition de nos égaremens ; déjà le matérialisme, calviniste et luthérien, car je donne ce nom à tout ce qui repousse le signe représentatif de l'esprit sur la terre, ne pouvant s'entendre avec le matérialisme anglican et gallican, semble convier les sectaires de Photius à l'œuvre de notre asservissement et à chaque instant une conflagration universelle peut en être le résultat. Comment soutiendrons-nous cette lutte dont on ne comprend pas assez toute la portée ? privés de l'honneur de marcher à la tête du catholicisme par l'adoption gouvernementale des maximes du sieur Odillon (*), par les sacrilèges profanations qui en furent la suite

---

(*) L'athéisme des lois.

et par la plus lâche adhésion au supplice de la Pologne qui en est une conséquence non moins rigoureuse, dépourvus de toute simpathie politique sur la terre et de cet esprit de religion, source de résolution et de force, sur qui nous appuyerons-nous au jour du combat ? Sur les marchands anglais !!! Mieux vaudrait cent fois nous présenter seuls dans l'arène que de tenter ce dernier essai de la foi punique ; mais le ciel épargnera une aussi cruelle alternative au peuple qu'il appela le premier sous sa loi et qui le dernier délaissa ses préceptes, il écartera de trop sinistres présages ! Plus que jamais Dieu tient le cœur des hommes entre ses mains puissantes, et il saura préparer dans sa miséricorde de moins tragiques solutions.

Depuis quelque temps, en effet, l'homme semble ne plus se reconnaître au milieu des intrigues qu'il a ourdies autour de lui, privé des lumières de la vérité qu'il a méconnue, il ne saurait se dérober de lui-même au labirinthe où il s'est imprudemment engagé, stupéfait à juste titre des premiers résultats de son émancipation, saisi et consterné à la vue de ses propres actes, tout annonce qu'il abdiquera bientôt la souveraineté de la terre dont une usurpation sacrilège l'avait investi pour n'être plus que le docile instrument dont Dieu va se servir pour la régénérer.

Déjà se dissipent ces rêves brillans de fortune et de gloire pour faire place à je ne sais quel vague désir d'une sûreté qu'il craint d'avoir perdue et dont il se contenterait; déjà s'évanouit cette fougueuse ardeur qu'il témoignait pour les choses les plus futiles et les plus vaines pour faire place aux réflexions sérieuses et aux graves méditations, déjà comme gage certain d'une prochaine transition , il altère, il oublie, change ou déserte les rôles que naguère il avait choisi avec enthousiasme et remplissait avec une sorte de fureur ; ainsi , le gibelin est devenu guelphe et le guelphe gibelin ; le drame marche toujours à travers ces diverses transformations, mais tel acteur est entré en scène pour attaquer le spiritualisme qui aujourd'hui regrette son empire et semble le défendre, tandis que le peuple dont le bonheur faisait toute la sollicitude de l'esprit, déserteur apparent de sa propre cause , semble s'être placé à la remorque des hommes à argent, autant et peut-être plus insatiables dans leur avidité que les rois qu'il a brisés dans leur ambition ; mais cette disposition de sa part, loin de contrarier la justice divine contre ses nouveaux maîtres, ne le rend que plus propre à l'accomplissement de ses décrets, ce ne peut être qu'afin de mieux punir ses nouveaux séducteurs qu'il a pu adopter leur morale ; lorsque le moment en sera venu , il ne sera que mieux disposé à les fouler aux pieds et à les chasser de l'église de Jésus-Christ dont ils ont fait non un repaire de loups-cerviers , comme l'a dit un homme bien digne de figurer en tel lieu, mais une véritable caverne de voleurs.

Il est en effet digne de remarque qu'en adoptant les maximes du matérialisme qui doivent le conduire à sa perte par l'anéantissement de toute charité, ce peuple, comme à son insu, n'a pas moins continué à défendre les principes sociaux en sévissant sans pitié contre les coupables auteurs de sa démoralisation; ses mœurs sont généralement sensuelles, cela est incontestable; mais le pouvoir temporel dont les dangereux exemples ont amené cette dégradation, qu'est-il devenu? On prie encore dans l'église; mais ses palais ne sont-ils pas veufs de tous ceux qui les habitèrent? Ces héritiers de Louis XIV, qui, parce qu'ils étaient bienfaisans d'ailleurs, se croyaient irréprochables après avoir détruit le système social parmi nous, soit en maintenant la sacrilège déclaration de 1682, soit par les conséquences qu'ils en déduisirent, ces héritiers de tant de puissance, avec leurs pratiques religieuses et leurs actes de souveraineté dégoûtans de matérialisme, où en sont-ils? Cette véritable quasi-légitimité, mi-sociale, mi-individuelle, cette royauté amphibie, chrétienne dans le fait, mais hérétique dans le droit et en tout ce qui se rattachait à l'exercice de sa puissance, où en est-elle? Avons-nous pu supporter de sa part la plus haute prospérité dont nos annales aient gardé le souvenir, et chacun de ses bienfaits n'était-il pas empoisonné par un indiscible malaise? Oui, on est forcé d'en convenir, l'instinct du peuple l'a mieux servi que sa raison. Un roi qui se disait le fils aîné de l'église et accueillait les diatribes de Montlosier, un roi qui allait à la messe et signait les ordonnances Martignac sur les séminaires, était un de ces contre-sens insupportables qui réagissant sur tout le corps politique, devait être éliminé à tout prix. Le peuple a frappé en aveugle sans doute, mais il a atteint les véritables infracteurs de la constitution de l'état, et, en plaçant à sa tête. . . . .

. . . .

. . . .

. . . .

. . . .

Il a de plus à ce point ravalé le pouvoir temporel et l'a de telle manière isolé de tout sujet d'orgueil, que rien ne s'oppose plus désormais à la reconnaissance de sa sujétion envers l'autorité qui seule peut le rendre légitime, et à ce qu'il trouve son admission à résipissence aussi utile qu'honorable.

Si la France n'est pas destinée à périr, ce moment arrivera, j'ignore de qui Dieu daignera se servir pour nous rendre à sa loi qui fut aussi la constitution de nos pères, je ne connais pas le héros à qui nous serons redevables d'un tel bienfait; mais il se présentera sûrement celui qui rendra à l'autel son indépendance et à notre législation sa pudeur, celui qui nous délivrera des sangsues qui épuisent le peuple et apprendra aux conspirateurs qu'on ne spécule pas sur le malheur des nations. Le système social triomphera de son indigne adversaire. La religion comme les faits annoncent cet heureux résultat.

Remarquons en effet avec qu'elle sagacité ce parti de l'opposition tout matériel qu'il est à su prendre sa dénomination. Le mouvement, tel est le nom qu'il s'est donné lui-même. Or, ce nom ne saurait convenir à ses moeurs sensuelles, car le corps végette et ne se perfectionne pas. L'écriture, dans la personne de Caïn, souillé par le plus lâche des fratricides, nous montre le sensualisme aussi hideux dès l'origine du monde qu'il a pu le devenir de nos jours. L'histoire profane nous fournit la même leçon, et de Tibère à Néron, de Néron à Héliogabale, on ne trouve pas même le progrès du crime, tandis que l'esprit au contraire perfectible de sa nature est seul en voie de progression ici-bas. Un corps périssable, qu'a-t-il à faire de perfection? Content de ses appétits satisfaits, il n'aspirerait qu'au repos, si le travail digestif qui le stimule sans cesse des mêmes aiguillons ne venait l'arracher à une prostration dans laquelle il finit par s'endormir; mais l'esprit doué de l'immortalité, toujours debout, toujours en marche, peut justement prétendre à redresser des écarts qui blessent sa rectitude, et à leur substituer des amendemens dont il est assuré de jouir. Aussi, rien ne saurait arrêter un essor qu'il puise dans sa propre nature. Les supplices sont impuissans contre lui; les chaînes et les cachots ne sauraient le contraindre, et si ses progrès sont lents par son refus d'user de violence, son triomphe n'en est que plus assuré parce qu'aucune coercition ne peut ni le dominer ni le vaincre.

Dès son apparition sur la scène du monde, sa marche vient constater cette vérité : Toujours en lutte avec la matière, c'est inertement qu'il résiste et progressivement qu'il combat. Son premier soin fut l'établissement de la société individuelle dont l'incarnation de la divinité devint la démonstration. Plus tard et jusques sous le fer des bourreaux, il exposa sa doctrine et discuta ses dogmes; mais il ne compliqua pas ce travail par l'extirpation d'une impudicité brutale sur les débris de laquelle il devait fonder la seconde société, développement nécessaire de la première; son action n'a pas changé dans les temps plus rapprochés de nous, et ce n'a été qu'après avoir établi et fait reconnaître la sainteté du mariage par son action disciplinaire, qu'il a porté ses vues sur la société politico-religieuse, en émettant la très-légitime prétention d'être le censeur des rois.

Les premiers essais dans ce genre n'ont pas été heureux, il faut en convenir; mais qu'importe, des questions moins importantes ont été plus long-temps débattues et l'esprit ne se décourage jamais; il suffit que la tentative de Grégoire VII soit en tout conforme à la loi du christianisme pour être certain qu'elle sera renouvelée avec succès; il suffit qu'on accorde à la puissance spirituelle la viabilité des corps terrestres qu'on ne peut lui contester après dix-huit cents ans d'existence, pour être convaincu qu'elle obtiendra son entier développement par suite même d'une loi physique dont tout ici-bas éprouve le bénéfice; il suffit enfin de considérer le long et pénible enfantement du christianisme pour trouver, dans les obstacles et les traverses sans nombre dont il a triomphé, un gage assuré de son interminable domination sur la terre, indépendamment des promesses divines qui garantissent l'église contre les tentatives de l'enfer.

Depuis quelque temps sans doute l'infidélité du pouvoir temporel paraît avoir rendu cette marche retrograde, et non-seulement le christianisme n'a pu recevoir son complément par l'établissement de la troisième société, mais encore le matérialisme, conséquent à lui-même dans sa réaction, cherche à dissoudre la seconde par la faculté du divorce; mais ce n'est là qu'une chance du combat. La société individuelle, quoique moins générale et plus concentrée, subsiste encore dans toute son énergie et elle suffit pour reconquérir les deux autres dont elle est la base et le principe; un chef lui manque encore pour voler à cette noble entreprise ; mais ce héros, ce génie ne saurait tarder à se produire, les peuples et les rois n'auront bientôt plus d'autre refuge les uns contre les autres, et son apparition fera des miracles. Eh ! qui ne sent déjà, par le malaise qu'il éprouve, tous les inconvéniens attachés à une existence toute matérielle entée sur les principes du spiritualisme le plus pur ! Qui ne connaît ou ne pressent toutes les indignités qui attendent l'homme sous un pouvoir unique fondé sur le système des sens ! Assez de malheurs, assez de déceptions ont éclairé les hommes, et la terre est suffisamment préparée pour recevoir le nouveau libérateur que je signale.

CHAPITRE VIII.

Origine de nos erreurs, moyens et remèdes.

Tacite, après Cicéron, a dit quelque part dans ses ouvrages, que la meilleure forme de gouvernement serait celle qui admettrait le pouvoir des rois contrebalancé par celui du peuple et de l'aristocratie, et l'opinion de cet écrivain qu'il ne faut pas ici confondre avec l'habile historien du règne de Tibère, doit être considérée comme le principe de toutes les modifications politiques que nous subissons depuis bientôt un demi siècle ; les termes dont il se sert sont précieux et méritent d'être rapportés : « *Nam cunctas nationes et urbes populus,* » *aut primores , aut singuli regunt , delecta ex* » *his et constituta reipublicæ forma, laudari fa-* « *cilius quam evenire , vel si evenit haud diuturna* » *esse potest.* »

On ne saurait plus clairement désigner le système représentatif dont nous jouissons, *delecta ex his ,* et notre auteur trouve la conception si belle et la constitution qui en résulterait si heureuse, qu'il croit devoir la placer au rang de celles qu'il est plus facile de louer que d'accommoder à notre usage.

Cependant, dix-huit cents ans s'écoulent, l'eutopie se réalise à notre égard, et voilà qu'auditeurs, obligés des débats quotidiens, de je ne sais quels Solons de comptoir qu'elle a placé à notre tête, forcés d'assister aux discussions politiques et législatives de ces mêmes hommes dont rien n'égale la locacité et les passions irritables, si ce n'est les étroites bornes de leur intelligence; contraints de nous prêter comme matière expérimentale aux scabreuses théories et à tous les dangereux essais qu'enfante le déréglement de leur caprice, toujours en armes ou en perspective de guerre, placés sous le plus intolérable arbitraire, écrasés d'impôts, nous sommes devenus la plus ridicule comme la plus à plaindre des nations, et si quelque chose se trouve aujourd'hui bien démontrée pour nous, c'est qu'au lieu d'un éloge mérité, le *laudari facilius quàm evenire* de Tacite ne présente qu'un *lapsus lingua* des plus anti-sonnants.

Il est en effet très-remarquable que les malheurs que le gouvernement représentatif a attiré sur nos têtes ne procèdent nullement des incidens qui d'ordinaire viennent contrarier les nouvelles méthodes dans leurs applications, des obstacles imprévus qu'elles éprouvent ou de l'esprit d'opposition qui les accueille; mais qu'ils sont tous la conséquence rigoureuse, immédiate, inhérente au système lui-même et qu'il a fallu avoir l'esprit comme frappé de vertige pour rendre nécessaire la cruelle expérience qui chaque jour vient dessiller nos yeux.

Tacite, en effet, était payen et payen encroûté, il avait de plus prodigué l'injure à l'enfance du christianisme et sa famille fournit plus tard des empereurs. On peut donc se demander d'abord comment il a pu se faire que des chrétiens, des hommes sociaux aient eu assez peu de discernement que d'aller emprunter des systèmes à une sommité de l'individualisme qui, s'il ne dicta lui-même les arrêts de sang prononcés contre leurs pères, ne les improuva pas du moins à un homme qui, non-seulement ne connaissait ni ne croyait à leur dieu, principe de toute chose, mais qui de plus avait très-mauvaise opinion de ses propres divinités (*). Il n'y avait donc plus rien en eux du sang de ces héros qui versèrent le leur pour renverses les tyrans et propager une foi nécessaire !!! Il faut en convenir, parce que cela est vrai, discuter de tels systèmes fut de leur part la plus grave des fautes; mais il y a plus que cela, il y a hérésie à les avoir accepté sans critique comme sans examen, et afin qu'on ne puisse attribuer à un esprit de secte ce qui n'est en moi que l'effet de la plus profonde conviction, je vais tirer ici une conséquence qui se déduit comme d'elle-même des principes irréfragables sur lesquels nous avons basé la société dont la religion fait la plus noble part, et nous verrons

____

(*) Nec enim unquam atrocioribus populi romani cladibus, magisvè justis judiciis approbatum est, non esse curæ deis securitatem nostram esse ultionem. Hist. liv. 1.

après si , comme le fait présumer son origine
payenne, il n'y a pas dans le gouvernement représentatif quelque chose qui heurte directement cette
même conséquence ; quelque chose qui repousse
et détruise la raison sociale, qui en contrarie la nature et en arrête les effets, en un mot, quelque
chose d'anti-chrétien ; car , dans le christianisme ,
tout est lié de telle sorte que l'on n'y peut, sans la
plus profonde ignorance comme sans lésion mor-
telle, séparer la politique de la théologie.

Nous avons dit, dès le début, qu'il y avait deux
hommes dans l'homme, que de cette réunion, de
cet assemblage résultait une première société dont
le mariage n'était qu'une imitation ; et cette pro-
position n'étant ni contestée ni contestable, il faut
convenir d'abord que de ces deux hommes opposés
dérive le besoin d'une double loi, de deux lois différentes entr'elles comme les deux natures qu'elles
doivent régir et gouverner, et, par suite, la nécessité de deux pouvoirs disticts co-ordonnés l'un sur
l'autre, et de même que l'esprit ou le corps pris
séparément, ne peuvent constituer l'homme tel
que nous le connaissons, de même aussi, il faudra
convenir que l'une de ces lois, l'un de ces pouvoirs
isolés l'un de l'autre, ne peuvent former un ordre
social dont la constitution ne peut être que le produit moral de leur amalgame.

Ce que l'homme présente, ce que le mariage
possède, ce que la société exige, est donc la recon-

naissance de ces deux pouvoirs et leur division comme indispensablement nécessaire à l'harmonie du monde et au maintien d'un ordre de choses que tout annonce lui avoir été assigné dès la création , et s'il est incontestable que le christianisme seul comble ce double besoin, s'il est vrai comme nous l'avons démontré plus haut qu'il est de son essence de le remplir, il sera permis de dire que celui-là n'est réellement pas chrétien qui adopte ou propose des systèmes politiques qui contrarient ou n'atteignent pas ce double but.

Or, qui ne voit que la constitution dont parle Tacite, fondée sur le pouvoir des rois, contrebalancé par celui du peuple et de l'aristocratie, ne peut amener ni l'un ni l'autre de ces deux résultats. De cette triple puissance, en effet, l'une serait évidemment superflue, en supposant les deux autres d'une nature différente et analogue aux deux principes constitutifs de l'homme ; mais comme ces trois pouvoirs dans l'esprit de notre historien de même que dans les gouvernemens représentatifs qui ont réalisé son rêve se rapportent tous aux intérêts de la cité, il y a évidemment dans ce système avec une double superfétation dans le rouage civil, absence de l'un des liens essentiellement constituans et conséquemment impossibilité de maintenir un ordre social quelconque.

D'un autre côté, si les trois pouvoirs du système

représentatif n'en forment qu'un seul, il est évi-
dent encore que la seconde condition gouvernementale exigée par la nature de l'homme, et que
le christianisme remplit si bien, devient impossible; et en effet, il n'est pas nécessaire de long-
temps réfléchir pour reconnaître ici une de ces
erreurs de mots qu'on retrouve partout dans le
siècle où nous vivons, et que ce que l'on veut
bien appeler division du pouvoir dans les gouvernemens représentatifs, n'est au contraire que le
partage de ce même pouvoir entre les hommes
appelés à y jouer un rôle par l'éclat de leurs talens,
l'influence de leurs popularité, l'habileté de leurs
intrigues ou le crédit de leur fortune.

La différence de ces deux situations, dont la
première forme l'état normal de l'homme, et la
seconde l'anomalie de ce même état, devient surtout appréciable lorsqu'on la juge d'après les résultats qu'elles amènent : L'une produit la confiance,
la modération, la paix, le bonheur; l'autre, la défiance, le soupçon, le trouble, l'ambition, le malaise; l'une forme les bons rois, les ministres
prudens, les magistrats intègres, les guerriers
fidèles, les écrivains consciencieux, les femmes
fortes; l'autre, les monarques orgueilleux, les politiques subtils, les tribunaux de sang, les soldats
parjures, les plumes vénales et un sexe avili; l'une
produit les Louis IX, les Charles V, les Louis XII,

et après eux les Suger, les d'Amboise, les l'Hopital, les Sully, les Duguesclin, les Bayard, les Crillon, les Racine, les Gilbert, les Rollin, les Blanche de Castille, les Jeanne d'Arc et les héroïnes de Beauvais; l'autre, Louis XIV, la régence, la convention, Napoléon, et à leur suite, les Dubois, les Talleyrand, les Fouché, les Decazes, les Merlin, les Fouquier-Tinville, les Dumouriés, les Lafayette, les Voltaire, les Diderot, les d'Alembert et l'entière famille des encyclopédistes et des écrivains de la révolution, les Gabrielle d'Estrée, les Fontanges, les Pompadour, les Dubarry et l'innombrable foule de courtisannes de haut et de bas aloi, dont elles ne sont que les chefs de file. La division des pouvoirs enfin, s'indique par l'absence de ces hommes prodigieusement ambitieux, cruels ou dissolus, dont fourmille l'histoire ancienne, et les dernières années de notre époque, par l'empire des moeurs et d'une liberté sage, le partage au contraire annonce son invasion par la funeste apparition de ces mêmes hommes, par les scènes sanglantes dont ils souillent la terre, par une démoralisation profonde, mais surtout par un despotisme subdivisé qui fait de tout chef d'administration un tyran absolu, et de tout subordonné un satrape de bas aloi, qui, forts du dédale de prescriptions dont ils entourent le peuple, disposent arbitrairement du sein des ténèbres dont ils s'enveloppent de la fortune, de l'honneur et de la liberté des citoyens.

Et remarquons qu'il n'y a rien dans cette conduite de leur part qui doive nous surprendre : Les agens d'un gouvernement basé sur le partage du pouvoir, ont en effet le droit de ne voir dans la place qu'ils occupent que l'équivalent de leur importance politique ; on a voulu se concilier leur influence, leur clientelle, leur audace, un improvisateur imperturbable, une plume incisive ; on a voulu paralyser leur mauvaise foi, leur aptitude à distiller le venin de la calomnie, que sais-je mille autres vices ou qualités dont un chef de faction a besoin pour se soûtenir, ou dont il redoute les attaques, et les titulaires à qui de telles considérations n'échappent jamais, demeurent fondés à ne voir dans leurs emplois qu'un patrimoine supplétif, fruit de leur mérite personnel dont ils ne doivent compte à personne.

Aussi, soit qu'il faille l'attribuer à leur nombre presqu'aussi grand que celui des administrés eux-mêmes, aux vices de leur origine toute payenne, ou aux sentimens particuliers qui les animent, il est impossible au peuple de respirer sous leur empire. Armés d'une multitude de lois, fruit naturel de leur corruption, ils trouvent dans le vaste arsenal de leurs codes divers, des ordres pour tous les instans, des réglemens pour tous les lieux, des chaînes pour tout le monde, et leur tyrannie multiforme

devient à ce point insupportable, qu'il faut la considérer comme le seul moyen de faire désirer à
l'homme le pouvoir absolu et discrétionnaire qui
ne tarde pas à leur succéder.

De tels gouvernemens en effet sont essentiellement transitoires : Tacite, leur panégiriste et leur
père les a ainsi jugés, toutefois sans raisonner son
opinion et très-probablement sans savoir ce qu'il
disait, et cependant rien n'est plus heureusement
vrai, *vel si evenit, haud diuturna esse potest.*
Conclusion qui, destituée de motifs, est, pour le
dire en passant, au moins fort singulière de la part
d'un homme qui vient de louer les gouvernemens
représentatifs outre mesure.

Quoi qu'il en soit de cet horoscope, nous devons
le considérer comme ce qu'il y a de plus vrai dans
le passage cité; l'expérience nous fournit une première preuve, la seconde ne tardera pas à se réa-
liser : c'est à la république et au partage du pouvoir
qu'elle opéra entre une horde atroce de pachas dont
chacun avait un égal droit à nous tyranniser sous
différens noms comme sous différens prétextes,
que nous dûmes notre délivrance par l'absolutisme
de Bonaparte : les mêmes causes amèneront bientôt
des résultats analogues. Louis XVIII fit la faute
énorme de ressusciter le partage du pouvoir au lieu
de le diviser, et la France est aujourd'hui à deux
doigts de sa ruine; mais il faut croire aussi que celui

qui nous délivrera des harangues de maître Dupin et consorts n'est pas éloigné : *haud diuturna esse potest.*

Ainsi se terminera dans un très-prochain avenir ce fatras, ce pathras, ce gachis, qui sous le nom de système représentatif tient la France en échec depuis surtout ces dix-huit dernières années, période décevante durant laquelle les habiles, depuis Chateaubriand jusqu'à l'abbé de Pradt , depuis Armand Carrel jusqu'aux frères Michaud, ne se seraient pas montrés moins bornés que leurs dupes, si nous n'eussions joint à leurs travers celui d'acheter à beaux deniers comptant les feuilles légères dans lesquelles ils venaient périodiquement consigner leurs plattes rêveries.

Cette délivrance peut s'opérer de deux manières différentes , quoique toutes deux avantageuses à des degrés fort inégaux.

Si le sensualisme ne pouvait être extirpé, ce qu'à Dieu ne plaise , si encore quelque temps il devait se maintenir parmi nous avec le gouvernement représentatif, son inévitable corollaire , alors toutes les tyrannies particulières que le partage du pouvoir fait peser sur le peuple , venant par la force inévitable des choses à s'absorber en une seule, nous aurions un second dix-huit brumaire avec un Polyphonte nouveau dont le despotisme serait infiniment plus supportable que celui des journalistes, des avocats et des banquiers, race méprisable qui, sous les dehors hypocrites des plus louables sentimens, se font une fausse popularité fondée sur des sicaires aux poignards desquels ils désignent le sein des meilleurs citoyens.

Pour ce qui me concerne, je ne crois pas à cette manière d'échapper à la situation présente : le monde a besoin du royaume très-chrétien, et nous devons périr ou recouvrer ce titre; Dieu paraît s'être expliqué sur nous, et celui-là ne tâtonne pas, il ne revient pas à deux fois sur ses décisions pour en éprouver la justesse; aux châtimens qu'il nous inflige, aux maux dont il nous accable, nous devons reconnaître la voie qu'il indique et celle dans laquelle nous finirons par entrer lorsque nous aurons satisfait à sa justice par nos malheurs ou notre repentir; la main de Dieu a été visible sur nous dans les horreurs de la convention, dans les vingt-cinq années de guerre qui la précédèrent ou suivirent, nous l'a vîmes encore à la lueur des flammes de Moscou et au travers des glaçons de la Berezina, dans la comédie de quinze ans, dans les journées de juillet, dans le suicide du commerce, dans le carnage de Lyon. C'est elle qui naguères frappait de si rudes coups dans Paris, et chose remarquable, chacune des phases de cette longue expiation a été marquée par un retour plus ou moins prononcé vers la religion de nos pères. Nos temples souillés ou méprisés sous chacun de nos régimes, divers furent successivement encombrés à la chûte de Robespierre, à la fin de la guerre, au retour des Bourbons, et à peine la peste noire a-t-elle promené sa faulx dans la capitale, que le matérialisme gouvernemental qui s'était complu dans les profanations de la croix et la démolition des églises, cédant à la peur et à une sorte de haro public, s'est hâté de permettre la prière et d'y inviter nos pasteurs.

Il faut en convenir, il y a dans de tels retours quelque chose de fort significatif et des données bien suffisantes pour expliquer les problèmes que présente l'avenir; sans doute il y a eu peu d'intelligence, de la tiédeur et quelque chose de purement machinal dans les réactions de cette nature, et nous avons à nous reprocher d'avoir suspendu nos actions de grâce aussitôt après l'obtention du bienfait; mais la divinité ne manque pas de moyens pour nous donner de la mémoire, et si les bourreaux, la guerre et la peste ne suffisent pas pour nous éclairer; si l'exil, les déchéances et le sang d'une famille qui a failli avec nous et comme nous et dont la destinée solidaire de la notre semble briller et pâlir comme notre étoile ne peuvent dessiller nos yeux, Dieu tient encore la famine et les dix plaies de l'Egypte en réserve : une seule de ces épreuves cruelles suffit jadis au roi David pour lui faire détester le sensualisme dont il s'était souillé;

moins heureux que lui, nous avons déjà subi les deux premières et notre aveuglement subsiste toujours : peut-être épuiserons-nous la troisième, et des fléaux jusqu'à nous inconnus; mais enfin nous reconnaîtrons le bras qui nous châtie, et décidemment alors nous aurons une restauration, non telle que la première qui ne restaura qu'une famille dans ses dignités comme dans ses erreurs, mais une restauration chrétienne et très-probablement universelle avec la division des pouvoirs qu'elle indique et leur subordination naturelle.

Nous sommes peut-être plus rapprochés de ce moment heureux qu'on ne le croit communément : les effets physiques et moraux que le choléra doit produire parmi nous ne sont pas encore développés. Une maladie dont les causes sont si occultes, les effets si terribles, et dont les moyens préservatifs sont la continence, la sobriété et le calme de la conscience, me paraît un missionnaire bien éloquent, et il pourrait bien se faire qu'il annonçât la fin des vengeances célestes. Il ne faut pas s'y méprendre, le choléra explique et prêche l'évangile comme l'Apôtre des Gentils ; il ne se contente pas de proscrire le fornicateur, l'ambitieux et le superbe, il condamne aussi la gueule et le ventre, et, à défaut de bénévolence, il force les cœurs avares à la charité par le sentiment de leur sécurité propre. Ah ! celui qui nous l'imposa connaissait bien notre mal, confions-nous donc à son action, il est possible qu'elle prévienne de plus grands malheurs.

On a beaucoup parlé d'un troisième moyen de nous arracher au malaise par le rétablissement des administrations provinciales; mais il y a dans un tel système des erreurs d'observation et de faux aperçus qu'il faut signaler. La centralisation, en effet, a ses conditions d'existence comme toute autre organisation, et tant que subsistent les causes productrices de cet ordre de choses, il est impossible de s'en affranchir. Tout peuple corrompu, et j'appelle de ce nom celui qui se guide par l'insatiabilité des sens, doit inévitablement tendre à se centraliser autant sous le rapport personnel que sous celui des localités : le premier sensualisme se concentra localement dans Rome, et personnellement dans le cœur de Néron et de ses successeurs ; le second, quant à nous, s'établit dans Paris sous le bonnet de Robespierre, dans le fourreau de Napoléon, et plus tard, tant la concentration est inséparable de l'action révolutionnaire, jusque dans la faconde décrépite de celui que, par antiphrase sans doute, on appelait le citoyen des deux Mondes. C'est une première conséquence de ce principe qui nous fit passer de l'administration provinciale au système du jour; et il y a de la simplicité à croire que l'on puisse changer la modification que nous avons subi par une de ces lois que l'on nomme si malencontreusement constitutionnelles. C'est une erreur de penser que l'on puisse altérer la nature des choses par des ordonnances et des réglemens : le monde est pipé, et le principe étant donné, les conséquences deviennent inévitables. Le sensualisme, nous l'avons dit, tend à tout absorber en lui-même; faites des lois pour détruire la centralisation qu'il impose, la cause subsistant, cette centralisation se reproduira sous de nouvelles formes, parce que, encore un coup, on ne change pas la nature.

Il y a pourtant dans cette manifestation du parti prétendu légitimiste, de même que dans la dénomination récemment adoptée par la faction libérale, quelque chose d'implicitement satisfaisant; les premiers veulent se purifier de leur corruption, car qui veut la fin veut aussi les moyens; les seconds veulent s'amender aussi, car la dénomination de mouvement qu'ils ont adopté ne signifierait rien, si elle ne voulait dire perfectionnement : les uns et les autres veulent donc devenir meilleurs qu'ils ne sont, tous sentent la nécessité de changer en mieux : ces deux partis, s'ils sont sincères, sont donc à la veille de s'entendre.

Je veux ici, me livrant à une fiction, dont la réalisation ferait tressaillir la patrie d'alégresse, supposer l'accomplissement de la fusion que je viens d'entrevoir, et considérant la décentralisation comme la formule des vœux communs à tous les partis, chercher par quels moyens on pourrait l'obtenir,

car il ne faut pas perdre de vue que la décentralisation n'est pas un moyen mais un résultat, une
tentative mais un fait accompli, un traitement mais
une cure parfaite, et que sous ce rapport, qui est
le vrai, il n'y aurait pas plus d'avantages pour la
France à l'invoquer, si là devaient se terminer ses
efforts; que pour le malade qui se bornerait à
désirer le terme de ses souffrances, sans recourir
à l'emploi des remèdes qui pourraient attaquer et
détruire le mal.

Je suppose donc que l'on veuille se décentraliser
à tout prix, ce qui revient à dire que les aveugles
veulent voir, les sourds entendre et les boiteux se
redresser; mais il faut observer que cette bonne
volonté, quoique d'un favorable augure, ne suffit
pas pour opérer la guérison. Il est sans doute des
maladies qui, livrées à elles-mêmes, trouvent leur
terme dans un bénéfice de nature; mais celle qui
ronge la France n'est pas de ce nombre : la centralisation est un chancre dévorant qui exige une
extirpation d'autant plus douloureuse, que le fer
doit opérer sur nos mœurs, partie la plus sensible
de notre organisation. Si donc nous voulons recouvrer notre dignité politique, commençons par
rétablir notre dignité individuelle; ne nions pas
l'évidence; et, si nous ne voulons être assimilés à
la brute, et traités comme tels, admettons l'âme
et son immortalité avec toutes les conséquences qui
en résultent. Au nombre de celles-ci nous trouve-

rons la nécessité d'un pouvoir régulateur de la plus noble partie de nous-mêmes; ne permettons pas au pouvoir matériel d'empiéter sur ses attributions; plaçons au contraire celui-ci sous le contrôle de la spiritualité, en d'autres termes, devenons hommes sociaux ou chrétiens, ce qui est dire la même chose, pratiquons-en les vertus, adoptons-en les principes, et la décentralisation et le bonheur public nous seront accordés par surcroît; mais tant que l'épicurien, l'ambitieux, l'usurier, l'avare et l'impudique seront en honneur parmi nous; tant que nous ne reconnaîtrons qu'un seul pouvoir provisoirement partagé entre quelques jongleurs politiques, patriotes du budjet, républicains de coulisse ou légitimistes du sentiment, qui se trompent eux-mêmes ou abusent de la crédulité du peuple, en un mot, tant que nous préférerons à la gloire de vaincre nos sens, le lâche et trop souvent criminel plaisir de les satisfaire, ne nous lassons pas de la centralisation, car elle n'est pas encore prête à finir.

Il ne faut pas s'abuser, la matière est grave et digne de toute notre attention. Est-ce sérieusement qu'on veut se décentraliser? Il est pour atteindre ce but un moyen que je crois péremptoire, et je vais l'indiquer : il ne s'agit pas d'exercer spontanément sur nos sens un empire que je crois impossible à obtenir sans le secours du temps; mais il serait indispensable de se placer sous l'influence d'un principe qui favorisât notre détermination. Jadis, l'ordre social qu'enfanta le christianisme annonça sa puberté par la diminution du luxe qui se fit remarquer sous Vespasien : le même moyen produirait aujourd'hui des effets semblables. Comprenons donc et réclamons cet ordre social que nous n'avons plus, exigeons dans ce que l'on nous dit être la société, et qui n'est plus qu'une informe agglomération, la présence distincte de deux pouvoirs liés entr'eux par une hiérarchie inévitable et naturelle ; et de même que nous avons trouvé un spirituel et un temporel dans la société domestique, qui n'est elle-même qu'une image de l'homme, de même il faut, sexualisant la société politico-religieuse, trouver dans ce vaste corps un homme et une femme, au lieu de cette grande prostituée repoussante d'ordures et de débauches, dont la vue soulève nos cœurs.

Ces derniers mots résument ma pensée toute entière et placent clairement la question. C'est assez, ceux qui la résoudront comme moi ne reconnaîtront désormais d'autre constitution que celle résultant de leur propre organisation ; et si pour se conformer à l'usage des temps, il fallait donner un signe sensible de leur politique, on trouvera leurs statuts dans l'Evangile, leur charte dans le catéchisme et les commentaires dans la vie du saint pontife Grégoire VII.

En terminant, j'engage tous ceux qui professent ou voudront professer cette doctrine, à l'exprimer hautement et sans équivoque ; je n'entends point par là faire le dénombrement de mes frères : je sais qu'il est considérable ; j'entends bien moins encore faire un appel à la force matérielle, dont je ne veux ni ne saurais me prévaloir ; mais dans un temps où les passions fourvoyées et déçues semblent chercher un dédommagement dans les dépouilles de quelques victimes qu'ils ne cessent de signaler à la vindicte des lois et aux fureurs populaires, il devient utile de savoir pour qui et pourquoi l'on meurt. Il importe de distinguer de l'iniquité des factions dominantes, la rage de l'intolérance, en un mot, il convient de séparer le sang des dupes qui souille inutilement la terre, de celui des martyrs qui la purifie, en même temps qu'il annonce avec les douleurs de l'enfantement les joies d'une prochaine délivrance.

MAUREL.